ÉTUDES ÉRANIENNES

I.

DE L'ALPHABET AVESTIQUE

ET DE SA TRANSCRIPTION.

MÉTRIQUE

DU GATHA VAHISTOISTIS ET DU FARGARD XXII

PAR

C. DE HARLEZ

PARIS

MAISONNEUVE & Cie, LIBRAIRES-ÉDITEURS

1880

ÉTUDES ÉRANIENNES

—

174505

ÉTUDES ÉRANIENNES

I.

DE L'ALPHABET AVESTIQUE

ET DE SA TRANSCRIPTION

MÉTRIQUE

DU GATHA VAHISTOISTIS ET DU FARGARD XXII

PAR

C. DE HARLEZ

PARIS

MAISONNEUVE & Cⁱᵉ, LIBRAIRES-ÉDITEURS

—

1880

Louvain. — Typographie de Cн. Pееters, rue de Namur, 22.

DE L'ALPHABET AVESTIQUE

ET DE SA TRANSCRIPTION.

—

MÉTRIQUE

DU GATHA VAHISTOISTIS ET DU FARGARD XXII.

Il peut paraître étrange, au premier aspect, que les Éranistes soient en désaccord même sur la nature des lettres avestiques et le mode de transcription le plus convenable pour les représenter exactement. La chose n'est plus étonnante quand on connaît les irrégularités de la langue zende et les divergences des manuscrits de l'Avesta.

Cette double question parut un moment résolue après les travaux de Lepsius. Mais bientôt les conclusions du savant paléographe furent réformées en quelques points, spécialement en ce qui concernait certaines lettres à forme double auxquelles le docte analyste avait attribué une double valeur vocale. Tel était, par exemple, le *y* initial transformé par lui en un second *zh (j* français). Comp. F. Müller, *Zendstudien*. IV. 4.

D'autres études qu'il serait inutile de rappeler dans le court espace de ce travail et spécialement celles de Spiegel, dans sa *Grammatik der Altbaktrischen Sprache* et ses *Arischen Studien* avaient aussi apporté leur contingent de renseignements à la solution de ces problèmes; mais les principes de Lepsius servaient encore de fondement général à la phonétique avestique. L'an passé le Dr Hübschmann soumit les théories reçues à un nouvel examen et publia le fruit de ses recherches dans la *Zeitschrift für vergleichende Sprachforschung* du Dr A. Kuhn et sous le titre de *Iranische Studien*. Ce travail parut précisément au moment où s'achevait notre Manuel de la langue de l'Avesta et nous ne pûmes en tenir compte qu'à la dernière page. C'est pourquoi nous croyons devoir y revenir aujourd'hui. M. Hübschmann fait voir sous un jour nouveau la nature de plusieurs lettres avestiques et transforme le mode de transcription adopté pour ces lettres. Il en est spécialement ainsi des aspirées et des sifflantes. Nous examinerons chaque point en particulier; puis nous tirerons les conclusions générales.

§ 1. DES ASPIRÉES.

kh, *gh*, *th*, *dh*, *f.*

Le fondement de la théorie de M. Hübschmann est que ces lettres (que nous transcrivons pour le moment comme tous le faisaient jadis et comme beaucoup de savants le font encore) ne sont point des aspirées, mais des spirantes. Par le premier terme il entend les lettres à son complexe, composé d'une tenue ou d'une moyenne et d'une aspiration, d'un *h* lancé précipitamment après le son fermé. Par le second il désigne et l'aspiration pure et simple, et le son sifflant de certaines dentales, voire même le *sibilus* des sifflantes. Nous nous bornons, pour le moment, à constater le fait. Tout le monde n'entend pas comme M. Hübschmann le terme d'*aspirée* et ne le réserve pas aux seuls sons complexes ; nous l'avons employé dans un sens plus général et plus correct. *Aspiré* par soi-même n'indique pas un son double[1]. Toutefois il est bon de distinguer, comme M. Hübschmann le fait, ces deux espèces de lettres et de réserver, par exemple, le nom d'*aspirées* aux sons complexes. La question est donc de savoir si l'Avestique possède des lettres aspirées, ce mot étant pris dans l'acception reçue en grammaire sanscrite, ou si toutes les lettres qui dérivent des tenues et moyennes : *k*, *t*, *p*, *g*, *d*, *b*, *c*, se prononcent par une spiration simple. M. Hübschmann affirme qu'il en est ainsi et appelle toutes ces lettres des *spirantes* ; nous les appellerons *spirées*. Ce sont d'après l'ancienne transcription les *k*, *g*, *t*, *d*, *p*, *b*, spirés, savoir :

     kh,   *gh*,   *th*,   *dh*,   *f*,   et   *w*.

Le docte auteur ne nous dit pas quel son il leur attribue, il se contente de les qualifier comme il a été dit. Cependant ce serait une des premières choses à faire ; car une désignation vague ne sert qu'imparfaitement la science et ne fournit à la théorie qu'un fondement peu solide. On doit en phonétique opérer non sur des signes,

---

(1) On confond, bien à tort, l'explosive aspirée, tenue ou moyenne, avec l'aspirée du même ordre ; par ex. le *k* aspiré avec l'aspirée gutturale forte.

mais sur des sons, autrement on s'expose à donner à son système des bases peu sûres. Les lettres n'existent que pour les sons. Nous supposerons à *kh* le son du ה sémitique, du *kh* guttural persan ; à *gh* celui du *g* néerlandais ; à *th* celui du *th* anglais ; à *dh* un son amolli analogue à ce dernier. Celui de *f* est connu ; *w* sera le *b* espagnol approchant du *v*. C'est là du moins ce que nous supposons être l'idée de M. Hübschmann. Car pour nous *w* est plus proche du *w* anglais.

Le passage de l'aspiration à la pure spiration est un fait généralement admis pour les spirées de *p* et de *b*, la transcription par *f* et *w* le prouvent suffisamment. On attribue même fréquemment à *th* le son de son correspondant anglais. C'est aussi de ce point que part M. Hübschmann pour prouver sa thèse. Il ne comprend pas, dit-il, cette distinction établie entre les aspirées. Le motif en est cependant bien simple.

ᚷ *th*, à une époque récente est quelquefois remplacé par ‌ﺳ; ainsi il y a une glose du Vendîdâd VI, 54, qui porte *raçô* ﺳﺳﻞ) pour *rathô* (char), et quelques-uns, peut-être à tort, reportent l'origine de cette transformation à l'époque de la rédaction de l'Avesta, attribuant, dès lors, à *th* un son sibilant. *Bh* a complètement disparu de l'alphabet avestique et s'est perdu dans le *v* semi vocalisé, ou bien il a perdu l'aspiration et fait retour en *b*. *ph*, enfin, suit d'autres lois que ses congénères. Car tandis que *k* devant *t* se spirifie, *p* reste explosive simple. Ex. *aok + ta = aokhta, thaj + ta* font *thakhta*, mais *tap + ta* donnent *tapta ; çup + ti* donnent *çupti*, etc.

On a de même *qabda*, *abda*, etc., et non *qawda*, *awda*. Ce n'est donc point sans motif que l'on sépare *f* et *w* du reste des spirées ou aspirées et l'on ne peut conclure de la nature des unes à celles des autres. Ce point vidé, passons à l'examen de la théorie des spirantes.

Le principal argument qu'on invoque est tiré de l'impossibilité de prononcer des mots tels que *khrathbhô*, *vakhdhbha* (c'est ainsi qu'on écrit *khrathwô*, *vakhdhwa*). Cet argument, ce semble, repose sur une confusion Le *w* de *khrathwô* n'a rien de commun avec *b* ou *bh*; il n'en dérive ni de près ni de loin. *khrathwô*, génitif de *khratu* est pour *khratuô*, *w* provient d'un *u* semi consonnant ou liquidifié. Il n'a donc jamais pu être question d'écrire ou de prononcer *b* ou *bh* ([1]). La forme de la lettre avestique, que nous représentons par *w*, ૯, indique suffisamment qu'elle ne provient pas de ʝ, *b*. Elle ressemble surtout à *zh*, ૯ et à *p* ૯. Toutes les autres aspirées ou spirantes, comme dit M. Hübschmann, sont formées par le prolongement de l'explosive simple au moyen d'un trait supérieur; *w* seul n'a aucun rapport

---

(1) Le *b* de *zba*, *zbar*, comme le *p* de *çpá*, *açpa*, etc., est un développement de *v*, non de *u*, et ne peut être invoqué. Rien ne permet de supposer que *th* transforme *u* en aspirée ou spirée de *b*. Les formes *vitbaêshô*, *âdhbitîm*, etc., prouvent que la dentale + *b* ou *v* ne donnent pas *thw*. Ces remarques s'appliquent aux mots gâthiques *daibishvat*, *dabaêshô*, *daibitîm*, trop régulièrement formés pour être le fruit d'erreurs de copiste. Leur origine est dans le dialecte même ou dans les besoins du mètre; non pas du mètre des Gâthâs de l'Avesta; (cette supposition ne peut être, *de bonne foi*, attribuée à personne), mais d'une poésie antérieure.

avec *b*. C'est *u* semi vocalisé qui s'est substitué à *bh* dans *aiwyô*, etc. et non *bh* qui a remplacé cet *u* dans *rathwô*, etc. *W* d'ailleurs n'est pas une consonne, comme devrait être la spirante de *b*, mais une liquide ainsi que *y* ; car en plusieurs endroits elle compte comme voyelle, par ex. dans *yâthwãm* (Yaçna IX. 61), *cathwârô* (LVI. II. 2). et ailleurs. *Rathwô*, *gâthwô* sont les pendants de *patãithya*, *berethryât*, etc.

Dans le mot parse *raspîk*, s'il provient de *rathwiskare*, il n'y a qu'une évolution de plus de *u* ou une fausse lecture du ꙃ pehlevi qui désigne aussi *v*, *w*.

W est mis avec *u* et *v* seuls dans l'alphabet d'Anquetil, t. II, pl. VIII, N° 18, et dans celui du ms. petrop., fol. I *verso*. N° 41. On lui reconnaissait donc un son et une origine analogues. L'origine de *w* se révèle dans le mot *gandarewa* égal à *gandharva*, où *w* correspond à *v*.

Les deux autres arguments que fait valoir le savant linguiste sont plus spécieux, il est vrai, mais ils soulèvent aussi de graves objections qui ne leur laissent guère de valeur, et en revanche plusieurs faits qu'il mentionne lui-même dans le cours du travail sans en tirer les conséquences, s'élèvent contre ses conclusions. Ces arguments sont tirés de deux particularités de la phonétique avestique que M. Hübschmann a remarqué avec sa sagacité ordinaire. Il fait ainsi valoir que les sons fermés momentanés (Verschlusslaute) restent et ne deviennent point spirants en certains cas. C'est ce que l'on voit en comparant *dâthrem* et *urvistrem*, (tous deux formés du suffixe *thra*, qui reste *tra* au second cas), tout comme *pañtãm* et *pathãm*, formes flexives diverses d'un même radical. Il explique ces faits de la manière suivante : *t* reste après *s*, parce que deux spirantes de suite eussent été trop difficiles à prononcer. Une aspirée peut très bien, au contraire, suivre une spirante *(s)*, comme le prouve les mots sanscrits *sthâ*, *sthavira*, etc. où le *t* originaire a été aspiré. De même *t* se substitue à *th* devant une nasale, parce que les spirantes et les nasales exigent des dispositions d'organe très différentes et ne se succèdent qu'avec peine. Tout cela prouve aux yeux de M. Hübschmann que les prétendues aspirées zendes ne le sont nullement.

Nous ne demanderions pas mieux que d'accepter cette théorie sans examen ; mais malheureusement il se soulève contre elle de fortes objections que nous devons énumérer.

a) Le premier principe posé est des moins sûrs pour ne pas dire davantage. En effet il est bien plus facile de prononcer deux spirantes de suite qu'une spirante et une aspirée. Il en est surtout ainsi de *s-th* (spirée) qui, dentales toutes deux, ne demandent qu'une même disposition de la bouche. Le zend en particulier n'a point horreur du contact des spirantes, puisqu'il abonde en mots tels que *duzhzaotar*, *afçman*, *afshman*, *thrâfdhô*, *dughdhar*, *ghzharghzhar*, etc. Dans *Eredatfdhri* il y en aurait jusqu'à trois de suite. Le motif du changement de *thra* en *tra* est donc tout autre qu'on ne le suppose ; on le verra plus loin.

L'exemple tiré du sanscrit est peu probant ; conclure d'une langue à l'autre c'est s'exposer à bien des méprises. L'italien dit très bien : *stare*, *sperare*, *sposo*, avec un groupe consonnantique initial ; tandis que le français et l'espagnol ne le tolèrent point et l'appuient sur une voyelle inorganique préfixée, comme dans *ester, estar; espérer, esperar; époux*, etc. D'autre part le français conserve le groupe initial *pl;* l'italien le dissout en *pi,* l'espagnol en *ll.* Ex. *plainte, pianto, llanto.*

Peut-on raisonner ainsi : le sanscrit garde généralement le *t* (tenue) après *s,* et dans quelques racines il l'aspire ; le zend garde partout la tenue ; donc l'aspirée zende est une spirante. Si le sanscrit a *sthâ* exceptionnellement, il a par contre *stu, stri, daṅshtra* et semblables. Il n'y a rien à tirer de là, d'autant plus que les lois phoniques avestiques et sanscrites sont, en beaucoup de points, très différentes, et que l'avestique notamment supporte très bien deux spirées de suite, comme on vient de le voir et même des groupes tels que *khdh,* impossibles en sanscrit.

b) Les spirantes avestiques ne doivent point avoir horreur des nasales, puisque *h* médial, venant de *s,* en prend presque toujours une avant lui. Les spirées se trouvent d'ailleurs fréquemment après la voyelle nasalisée *ã* 𐬨 et celle-ci demande à peu près la même disposition de l'organe nasal que la consonne nasale *n* ou *ñ.* En outre le latin dit sans peine *anser, mansio, insons,* etc., et toutes les langues romanes l'imitent. Le germanique dit *gans, pence, Hans,* etc., etc. (¹). De même ces langues abondent en mots tels que *infidus, confidere, conviva, anhelare, inhibere, inhumare; umsonst, anfangen, umfang, unhängen,* etc., dans lesquels des spirées suivent immédiatement une nasale. Dans *pañ-*

---

(1) Voyez aussi les mots *sfidar, sfallir, sfumo,* etc.

tām—pathām le phénomène peut être l'inverse de ce que l'on suppose ; c'est peut-être *t* qui est devenu *th* à cause du contact des deux voyelles. La vraie raison doit être cherchée dans un fait très différent, entrevu, du reste, par M. Hübschmann : une consonne non aspirée empêche l'aspiration de la suivante.

On comprend très bien que l'aspiration qui forme comme un troisième son, tombe après une consonne et qu'on prononce moins facilement *nt-h*, mais une consonne et une spiration simple ne présentent aucune difficulté.

c) A titre de dernier argument on affirme que la voyelle *ã* *(a* nasalisé) ne supporte après elle que des spirantes ou des sons durants et que l'on trouve *kh*, *th*, *f*, à cette place, par exemple dans *thrãfdhrô, patãithya*, etc. Ceci prouverait, dit-on, que *kh*, *th*, *f*, sont des spirantes. Mais pour soutenir cette assertion il faudrait affirmer également que *g* est une spirante, car l'Avesta nous donne le mot *ãgama* dont l'existence renverse toute l'explication ; *ã* souffre après lui d'autres sons que des spirations. Il correspond à l'*a* avec *anuswára*, lequel se place aussi bien devant les aspirées que devant les sifflantes auxquelles l'*anuswâra* est originairement propre. Ex. संह्य — संधा. De ces quatre raisons aucune donc ne subsiste.

Nous croyons d'ailleurs devoir affirmer que cette théorie explique à rebours l'origine des spirantes.

D'après ses principes les aspirées aryaques sont d'abord devenues explosives simples et de la *spirantes.* Mais qu'est-ce qu'une *spirante*, si ce n'est une aspirée simple sans mélange d'explosive fermée? Voici donc la marche des sons telle qu'on la suppose. Les explosives aspirées originaires ont perdu toute spiration et, dépouillées de la sorte, ne conservant plus que le son lancé et fermé, elles sont devenues tout à coup de pures spirations. De cette façon les explosives fermées seraient devenues directement de pures aspirations. *Ph* par contre serait passé par *p* pour aller à *f*; et *th* par *t* pour devenir une sorte de *sz*. Tout cela est bien peu naturel. La marche de la nature est toute opposée.

La consonne aspirée est formée de l'explosive simple et d'une spiration; la spirée est une spiration pure qui n'a plus rien de la tenue ou de la moyenne (¹). La consonne aspirée forme donc un degré intermédiaire naturel entre ces deux genres de voix. Ainsi entre *ratha* et *raça* nous ne pouvons supposer une forme intermédiaire *rata*. De *thraêtaona* à *frêdôn* nous devons admettre la marche thraêtaona, *thraêtaona*, *thrêdôn*, frêdôn. Dans la bouche de beaucoup de gens *tra* prend nécessairement la spiration médiale qui conduit facilement à *sra*. *Tra* pur ne le pourrait faire.

Voici maintenant les faits qui prouvent contre la théorie des *spirantes*.

1° Très-souvent une tenue ou moyenne entre deux voyelles devient spirée; il en est de même entre une voyelle et une semi-voyelle. Ex. *vid + vat* donnent *vidhvat*; *vaéd + ya*, *a* donnent *vaêdhya*, *vaêtha*. On a de même *rathwô, cithît, âithi, aiwithyô, urvatha, aodha, vaêdhayana, adhâitya, adhavi, cithi, còithat, cinathâ-*

---

(1) Si ce n'est que les mêmes organes concourent à la formation de toutes deux.

maidê, vadha, vídheñti, etc. Or, non-seulement le fait
contraire se produit souvent, mais le même mot s'écrit
tantôt avec l'explosive, tantôt avec la spirée (?). Ex.
qareta et *qaretha*, *vídvâo* et *vîdhvâo*, *adâitya* et *adhâitya*.
On comprend très bien qu'une légère spiration jointe
au son fondamental puisse subsister ou tomber sans
cause spéciale, mais que deux lettres de nature toute
différente s'échangent de la sorte, c'est ce qui ne se
conçoit guère.

2° L'avestique évite deux aspirées commençant deux
syllabes consécutives. C'est un fait reconnu. M. Hübschmann en cite plusieurs exemples. Si ces aspirées étaient
simplement des spirantes, cela ne gênerait guère des
gosiers habitués à prononcer des mots tels que *zîzao-
zuyê*, *duzhazôbâo*, *zîzíyusat*, etc. La difficulté naît
donc de la succession immédiate d'aspirées, et non de
spirantes.

3° Les lettres avestiques représentées par *kh, gh,
th, dh, f*, sont formées des signes *k, g, t, d, p*, prolon-
gés d'un trait ('). M. Hübschmann le reconnaît. Les
rédacteurs de l'Avesta eussent-ils pu conserver si bien
le caractère propre de chacune des spirantes et l'eussent-ils si parfaitement attesté par l'écriture si elles
avaient entièrement perdu le son originaire? Non, sans
doute. Les spirantes n'ont plus rien des explosives et
ces rédacteurs n'eussent point su remonter à leur origine. Quel lettré vulgaire, sans alphabet, découvrirait
dans le son du *th* anglais ou du *ch* dur allemand de
simples modifications de *t* et de *k*, et rangerait les

______

(1) Comparez ⟨caractère⟩ et ⟨caractère⟩, ⟨caractère⟩ et ⟨caractère⟩, ⟨caractère⟩ et ⟨caractère⟩.

deux premières lettres respectivement à la suite des dernières? Il est donc évident que les spirées zendes avaient conservé quelque chose du son explosif fermé, en sorte que les Parses pussent en reconnaître l'origine.

4° *k*, *t*, *p*, etc. prennent généralement un son spiré devant une autre consonne; il se conçoit facilement qu'entre deux sons demandant des jeux d'organes différents, on fasse intervenir un léger souffle; mais on ne comprend guère que le contact de deux consonnes, si fréquent dans les langues indo-européennes, puisse produire la transformation totale de la première. On nous dit que cela s'est fait pour épargner la peine de prononcer le son explosif *k*, *t*, *p*, etc. Mais s'il en avait été ainsi, il ne serait resté que l'aspiration simple *h* qui figure à côté de *k*, *t*, *p*, dans *kh*, *th*, *ph*, etc., et celle-ci est la même pour toutes les explosives. Il en serait résulté la confusion complète de toutes les spirées des quatre ordres. Ce n'est donc pas la simple chute d'une partie du son complexe qui a produit les spirées, mais la transformation radicale de la lettre ou du son complexe. La spirante est tellement différente de l'explosive que les peuples de race romane ne peuvent jamais parvenir à prononcer, par exemple, le *g* spiré des langues bas-allemandes. Le contact d'une consonne suivante explique donc très-bien l'aspiration de la précédente, mais nullement un changement complet de nature. (Comparez Von der Mühll. *Die Aspiration der Tenues im Zend*, p. 33.)

Mais ce qui, mieux que tout le reste, nous fait connaître la vraie nature des spirées, c'est la transcription employée par les auteurs des livres pehlevis. Pour *kh*, malheureusement, il y a équivoque, vu que le même signe représente *h* et *kh*; mais relativement à *th*, *dh*, il n'y a point de doute, c'est *t* et *d* qui servent à les rendre. Ex. *Maidhyômâoñha* devient *mêtômâh*; *maidhyôshema*, *mêtyôshem*; *vaghdhana*, *vaghtân*; *vîdadhafshu*, *vîdatafsh*. *Mithaokhta* est *mîtôkht* (P. *mîdukht*).

Hukhshathrôtemâi devient *hukhshatrôtemâi*. *Vohukhshathra* devient *vohûkhshatr*. Il en est ainsi dans les mots simplement transcrits; pour ceux qui sont entrés dans le vocabulaire pehlevi, *th* est généralement rendu par *ç*, *s*; par ex. *caçrûshûtâk* de *cathrusha*, *çrâishn* de la racine *thrâ*, etc.; preuve évidente que les auteurs persans agissaient en parfaite connaissance de cause et que *th*, *dh* n'avaient point entièrement perdu le son explosif de l'aspirée. Le mot *Zarathustra* a vingt formes dans la tradition, mais toutes conservent l'explosive fermée *t* (ou *d*) pour *th*; *d* est un amollissement récent. *Neriosengh* en transcrivant les mots avestiques conservent souvent le *th*, aspirée proprement dite. Ex. *aiâthrema*, *hamaçpathmaeda*, Y. I. 29. 31. *Jarathustra*, *athvîâno*; et certainement il ne connaissait que la prononciation traditionnelle. Mais il écrit *çrîta*, *phrêdûn*, mots pehlevis. De même *Mithra* est en grec Μίθρα ou Μίτρη (V. Cyrop. VII, 2, 53, Herod. I, 131); en pehlevi *Mitro*, en persan *Mihir*. Partout le son *t* est demeuré et dans *Mihir* il ne peut y avoir que l'amincissement de *th*. Ici nous voyons en réalité l'effet du phénomène supposé par M. Hübschmann produire son effet, mais comme nous le disions, en laissant simplement un *h* et non une spirante; *th* devient *h*. (Voyez p. 12, 4°).

Les alphabets parses font *th*, *dh*, analogues à *t*, *d*, et

non à une spirée quelconque(¹). Les grammairiens parses expliquent *kh*, *th*, *gh*, *dh*, et semblables par les aspirées sanscrites *kh*, *th*, etc., et les guzeraties correspondantes. Voy. Dadabhây, *Zand bhâshânum vyâkarana*, p. 1. 2. N'est-ce pas que la tradition leur apprend à voir dans ces lettres autre chose que des spirations simples? Ainsi s'est perpétuée à travers tous les siècles une prononciation qui exclut les spirantes. En présence de ces faits peut-on affirmer sans réserve que les aspirées avestiques sont de pures spirées? Ce serait assurément bien hasardé. Car les arguments apportés sont bien peu solides et bien des faits les contredisent, comme on vient de le voir.

Mais en voilà assez sur cette matière. Passons aux sifflantes.

§ 2. Des sifflantes.

Elles sont nombreuses en avestique. En voici la liste avec la transcription ordinaire :

ç, *s*, *sh*, *z*, *zh*.

Dans ce système *ç* est un *s* prononcé en relevant la langue de manière que la colonne d'air qui forme le son frôle le palais; *sh* se prononce comme le *ch* du français; *zh* comme le *j* de la même langue. C'est du moins ce qu'on pense.

M. Hübschmann change entièrement le son et la

---

(1) *dh*, est rendu par *d*, *t*, ou le *d* persan. Voyez Anquetil. *Zend-Avesta*, t. II, pl. VIII, N. 6.

valeur des trois premières lettres au moins et adjoint
à ces cinq sifflantes une sixième qu'il trouve dans la
lettre ↣, la prenant pour un *zh* différent du premier.
En ceci spécialement nous ne pouvons le suivre. D'abord
la méthode à laquelle le savant auteur adhère complètement a un vice que nous devons bien signaler. Partout on s'y préoccupe exclusivement des signes et des
formes et nullement des sons; on veut avoir un système théorique complet, une lettre pour chaque case du
tableau et l'on se met peu en peine de rechercher si à
ces lettres correspondent des 'sons réels. Cependant les
lettres n'existent que pour les sons, et ceux-ci ont sans
contredit existé les premiers. Aussi doit-on avouer
qu'on ne sait quel son attribuer à plusieurs de ces lettres. On prend de simples différences graphiques pour
des signes de sons distincts et dès que l'on a créé un
signe transcripteur on ne s'inquiète nullement de l'existence réelle de la voix correspondante. C'est par suite
de ce vice de méthode dont nous parlions ci-dessus que le
↣ devient une sorte de *j* français, tandis qu'il n'est
que le signe habituel des scribes indiens pour représenter *y* initial. On fonde cette appréciation sur une singu-
lière méprise. *Yaçna* en pehlevi est *izeshn* (?), dit-on,
et l'on prend le *z* de *izeshn* pour le correspond du *y*
avestique. Or, le correspondant non de *z*, mais de *ya*,
est *i* qui a dû se lire d'abord *ya* (*yazishn*); *z* représente
ç ou plutôt *z* radical, dans la racine *yaz*; *izeshn* ou
yazishn est donc formé de *iz* = *yaz* et du suffixe *ishn*
des termes abstraits.

Si *y* ↣ était un *j*, *zh* quelconque, il s'en suivrait
que tous les mots zends en *y* initial devraient se lire de

la même manière, car tous ont cette lettre comme initiale. Il en est ainsi de *ya*, pronom relatif, *yatha*, con-
jonction (comme), etc. Or en lettres pehlevies ces mots
sont écrits *ya*, *î*. On peut en outre comparer *ya*, *yána*,
yazata, *â-yaptem* avec les mots néo-persans *î*, *yán*,
yazd, *yaftan*. Cette identité de prononciation prouve
que *y* est bien la valeur originaire de ᵯᵾ. Le vieux persan du reste avait aussi le *y* (') et ce n'est qu'au moyen
âge que *j*, *dj* s'est substitué à la liquide au commencement de quelques mots. De là l'erreur des alphabets
reproduits par Lepsius et autres. Les alphabets 1, 2, 5,
donnés par Lepsius à la p. 307 (tableau), prouvent que
les deux *y* initiaux ᵯᵾ et ≻ étaient considérés comme
identiques et que tous deux équivalaient à *y*. Comp. I,
16; II, 16; V, 20. Les alphabets 3 et 4 ne sont guère
dignes de confiance, car ils placent le signe ≻ lui-même
sur la même ligne que *j*. C'est la prononciation moderne
de beaucoup de mots, pas de tous; et c'est par conséquent une erreur. Nous voyons ainsi le *ye* initial des
mots sémitiques devenir *j* ou *z*. Comparez *yezdrûntano*
yezbakhûn et *jôm*, *jamrûntano*, etc.

Cette prétendue sifflante étant rayée, il reste celles
que l'on transcrit et que l'on prononce comme il a été dit
plus haut, c'est-à-dire par *ç*, *s*, *sh*, *z*, *zh*; *ç* étant supposé pourvu d'un son palatal (ou lingual) très effacé;
ᵯᵾ *s*, correspondant a *s* (dentale sanscrite, *s* français) et
ᵯᵾ *sh*, au *sh* anglais (*ch* français, *sch* allemand); ∫ *z*,
analogue au *z* français, ᵯᵾ *zh* au *j* de la même langue.

(1) Voyez *yathá*, *yadá*, *yadiy*, *yána*, *yává*, etc.

On a vu que M. Hübschmann apprécie autrement
ces lettres. Malheureusement il ne nous donne que des
signes et non des voix ; il ne dit nullement quel son il
attribue à plusieurs de ces nouvelles lettres. *Ç*, dit-il,
n'a rien de palatal, c'est le vrai *s ; s* doit être transcrit
par *s* avec un angle au-dessus (*s*ᵛ) et *sh* par ce même
signe pourvu d'un point par dessous. On doit croire,
quoiqu'il ne le dise pas, que *s*ᵛ est *sh* (à la manière
slave) ; mais alors on ne sait plus quoi faire avec le vrai
sh. Aussi à ce point la théorie devient contradictoire.
sh est d'abord une sorte de doublure de *s'*, ayant une
même valeur étymologique, mais ne s'employant que
dans certains cas et un peu plus loin c'est la spirante
palatale, c'est-à-dire la spirante de *c (tch)*.

Voici les arguments apportés en faveur du nouveau
système. Pour prouver que *ç* est purement dental on
dit qu'il serait insensé d'admettre que cette lettre eût
quelque chose de palatale dans *çta, çtu. zaçta*, etc.,
vu qu'elle est suivie de la dentale *t*.

Cet argument, spécieux en apparence, n'en est pas
moins faux et se retourne contre le système qu'il doit
appuyer. Si *ç* est dental, comment peut-il se trouver
devant une palatale. Ex. *manaçca, vyãçca, aêçmãçca,
ameshéçca, paitiçcapti, uruthwãçca, açcu, açcît, paçca,
paçcaèta, çcind*, etc.

Ailleurs il figure devant *k* ou *p*. Voy. *rânyòçkereti,
paraçkhrathwa, ġaremôçkarena, açkenda, açgat, viçpa,
açpa, çpaçti, manaçpaoirya, raocaçpairista*, etc.

S'il est absurde de supposer une palatale précédant
une dentale, il l'est également d'admettre une dentale
devant une palatale. L'argument porte donc à faux et

l'absurdité est imaginaire. Que la sifflante représentant *k* soit *s*, cela est vrai en dehors des langues aryaques, par la bonne raison que les autres langues n'ont point noté la différence qui existe entre la sifflante palatale et la dentale, mais cela ne prouve nullement que le remplaçant zend de *k* parmi les sifflantes soit cette même dentale. On ne comprend guère comment des zendistes peuvent soutenir que ᴊ est *s* dental purement et simplement et ne voient pas la contradiction que renferme cette assertion. Notons ceci d'abord : on affirme que *s* dental a disparu ou s'est transformé en *h* et d'autre part, que *ç* est *s* dental. Si quelque chose à disparu, ce n'est, sans doute, pas seulement la lettre, mais le son ; ce hépnomène a même dû s'opérer avant que le zend ne fût écrit. Or, si le son de *s* dental a disparu, comment reparaît-il dans *ç?* Il n'a donc fait que changer d'enveloppe? Cela n'est pas admissible. Mais ceci n'est rien. Si *ç* était purement *s* dental, il en suivrait les lois. Il devrait donc disparaître ou se transformer en *h*, dans les cas où *s* le fait, par exemple devant *y* et après *a* devant *m*. Or *asmi* devient *ahmi* et *vaçmi* reste *vaçmi*; *asyâo* devient *aṅhâo* et *maçyâo* reste; preuve évidente que *ç* n'est pas une vraie dentale. De même *açman*, *vaçma*, etc., devraient être *ahman*, *vahma*, si la supposition était vraie. En outre si *ç* n'était que la pure et simple dentale, elle ne pourrait subsister au commencement des mots devant une voyelle et l'on aurait *hara*, tête, *hûra*, héroïque, *hif*, agiter, et non *çara*, *çûra*, *çif*; comme *hara* pour *sara*, *hi* pour *si* et *huska* pour *suska*. Ce dernier mot est très instructif, car le représentant sanscrit en est *çushka* et le zend a pris régulièrement le *h*,

parce que la racine est *su, sus*, et que le sanscrit seul
l'a altérée (cf. v.-persan *huska*, lith. *sus, sausas*, σαυχός,
etc.). Serait-ce peut-être pour avoir changé de caractère uniquement que la dentale n'obéirait plus aux lois
de sa nature? Nous ne pensons pas que personne sou-
tienne jamais pareille chose. Il est donc évident que ᔕ
n'est pas dental.

Enfin *ç* final devient *s* devant *t* (1); pourquoi cela s'il
est lui-même dental comme *t?* et, d'autre part, il remplace *j, z* (pour *j*) devant *n*, comme dans *Yaçna* de
yaz (pour *yaj*); sanscrit *yajña* (2).

Il résulte de ces faits que *ç* n'est pas une vraie dentale. Le son dental de *s* se produit en plaçant les deux
rangs de dents en ligne droite, l'un dessus l'autre; pour
prononcer *ç*, ᔕ, il faut relever les dents de dessous
derrière le rang supérieur et soulever la langue.

Ç représente non-seulement le *ç* sanscrit provenant
d'une palatale ou d'une gutturale (comme dans *âçu =
âçu; açpa = açva*, etc.), mais aussi *ch*, l'aspirée palatale. Ex. *pereç = pracch; jaç = gacch*, etc.

---

(1) Même après *a*. Voyez *asta, çpasti, frasta, nasta*, etc.

(2) Les mots *duscithra* (?), *barezisca, stairisca* et semblables ne
prouvent nullement en faveur du *ç* dental. Dans ces formes *s* est main-
tenu par le contact de *i, u* qui voudraient plutôt la transformation de
cette lettre en *sh*, transformation empêchée par le concours des sons
shtsh que produirait le groupe *shc*. Dans les mots où la sifflante ne
subit pas l'influence de la lettre précédente *c* prend devant lui la sifflante congénère *ç*; c'est là où *a, â*, précèdent. Les exemples sont très
nombreux; citons seulement *mashyaçca, tanvaçcit, haçcit, maz-
dâoçca, bâmyâoçca, açcit, açcu, mashyâçca, mâthrâçca, yaç
nâçca, haomâçca*; et même après *é* : *açtéçca, vareçéçca, ameshéçca*.

– De même dans *çcind, çcad, çcâthwa*.

A l'époque historique le caractère palatal s'était à peu près effacé, en sorte que *ç* put remplacer *s* là où le son dental pur ou le *h* n'était pas toléré ; par exemple, entre *a* et *m*, au commencement des mots devant une consonne, etc. Le même phénomène, restreint, existe en sanscrit. Voyez plus loin.

De là les formes telles que *açti* et non *ahti* (*asti*), *çta* et non *hta* (*sta*).

D'autre part, il est faux que *s* dental soit entièrement tombé ; il s'est transformé en *h* ou *ç* au commencement des mots selon qu'il précède une voyelle ou une consonne ; ou même au milieu devant *n*, etc., et en *h*, *ǹh* après *a* ou *áo*. Ailleurs il subsiste comme on le verra ci-après.

La nature des deux autres sifflantes fortes *s* et *sh* est assez singulièrement appréciée dans le nouveau système. *S*, dit-on, est le *sh* sanscrit, parce que dans quelques mots il correspond à cette dernière lettre. Tantôt la fréquente correspondance de *ç* à *ç* ne signifiait rien. Ici quelques cas d'analogie (¹) prouvent complètement et l'on proclame la question tranchée. Elle l'est d'autant moins que ces mots sont peu nombreux et que dans ces cas il n'y a aucun *sh* originaire, mais que tous sont le produit de lois phoniques propres au sanscrit. Exemp. *çushka*, sec, *ishta*, sacrifié, etc.

Quant à *sh*, voici ce qu'on nous dit : *sh* a la même valeur étymologique que *s* ; elle s'emploie seulement

(1) Pour prouver que ⱳ est le *sh* sanscrit, M. Hübschmann se borne à citer les cinq formes que l'on verra plus loin, sans les examiner et conclut en ajoutant que la transcription reçue est par conséquent fautive. On va voir la valeur de ces formes.

dans d'autres cas, à savoir : au commencement des mots pour *khsh*; au milieu entre voyelles; (ex. *ishu, dashina* sanscrit *dakshina*); après les voyelles, *kh*, *f* ou *r*; avant les voyelles, et *n*, *m*, *v* ou *y*.

ᾱᾱ *sh*, se trouve, au contraire, devant *k*, *c*, *t*, et à la fin des mots. Toutes deux sont d'origine dentale dans la plupart des cas. Ils proviennent quelquefois de *khsh* (de *ks* originaire); de *ç* (de *c*), de *c* provenant de *k* et de *rt*.

Certes voilà une théorie bien compliquée et fort obscure; analysons ces divers principes pour y mettre de l'ordre et de la méthode.

« *s* et *sh* ont la même valeur étymologique et toutes deux sont d'origine dentale dans la grande majorité des cas. C'est-à-dire que ces deux lettres proviennent d'une sifflante dentale originaire, mais cette sifflante ne devient pas indifféremment l'une ou l'autre. »

« Certaines lettres veulent l'une des deux lettres après ou avant elle, certaines autres veulent l'autre. »

Malgré tout ce qu'il y a de judicieux dans ces remarques, il faut bien l'avouer, cet exposé laisse bien des questions en suspens. Quelle était la nature de ces lettres au temps de l'Avesta? Quelle était leur prononciation? Quel principe dirigea leur distribution entre ces lettres qui appartiennent à des classes très différentes? C'est ce que nous nous demandons en vain. Analysons donc à nouveau ces faits constatés par le savant auteur pour tâcher d'y mettre un peu d'ordre et de lumière.

Nous devons chercher d'abord la vraie valeur de ces lettres et pour la trouver il faut évidemment la demander aux racines et aux mots simples.

Remarquons d'abord tout ce qu'il y a d'étrange et d'incertain dans la phonétique avestique. Par exemple, *s* dental originaire transformé en *h* devient *ç* devant *t*, comme on le voit dans *ushaçtara, aojaçtara, çaçti, vaçtar, açti, yâçta, upáçti, paityáçti*, etc. Par contre, *ç* médial devant *t* devient *s*. Ex. *nasta, asta, avaoirista* ([1]), *çpasti, âdisti, âfrastar, uçpaêsta, vasti*, etc.

Toutefois dans ce dernier cas il reste parfois et même dans des racines qui dans d'autres mots subissent la transformation de *ç* en *s*. Ex. *açta, çpaçtar, urviçta*. La lecture de ces derniers mots, il est vrai, n'est pas bien sûre.

D'autre part *z* devient parfois *ç* devant *n*, comme dans *yaçna, açnya, urváçna;* mais *ç* lui-même ne reste pas et devient *s* ou *sh*, comme dans *varsnãm, husnâthra, frasna, ashnaoiti*, etc.

Ceci nous prouve déjà qu'une des règles posées doit être mise à l'écart, puisque *varsnãm*, etc. ont ici *s* et non *sh* devant *n* et après une voyelle ou *r*. Souvent aussi se présentent des cas contradictoires, c'est-à-dire que la sifflante se trouve entre *r* et *t*, par exemple, dont l'un demande *s* et l'autre *sh*. Ce qui complique encore la difficulté, c'est que les manuscrits ne sont point d'accord entre eux et que *s* et *sh* s'y échangent avec une variabilité malheureuse.

Pour arriver à une solution, examinons, comme nous l'avons dit, les racines et formes premières. Remarquons d'abord que dans les cas où *sh* est donné comme

______

(1) Ce n'est point à cause de l'*i* précédent, car on dit *avóiriçyât, diçyât, diçu,* etc.

dérivant de *khsh*, il correspond exactement au *sh* contenu dans le groupe, le premier élément *k* (*kh*) tombant entièrement pour l'allégement de la prononciation; de là *shâ* pour *kshâ*, *shi* pour *kshi*, *dashina* pour *dakshina*.

Parmi les racines nous trouvons *akhsh* (?), *ish, ush, karsh, kush, gush, cish, zush, tash, tarsh, tush, dvish, thwakhsh, dakhsh, darsh, pish, bûsh, makhsh, rash, rish, vakhsh, vish, çish, hush*; et pour les premiers dérivés citons *ishu, ushaṅh, karshi, gaosha, zaosha, tasha*, etc., etc. Toutes ces racines, tous ces mots correspondent exactement aux racines et mots sanscrits analogues; les formes en *ash* (*tash, vash*) proviennent la chute du *k* (de *ksh*).

Tous ces mots et cent autres encore sont des formes aryaques primitives. On y voit évidemment que le *sh*, ⵊ, avestique est l'équivalent du *sh*, श, sanscrit. Dans les cinq exemples cités par M. Hübschmann comme preuve de l'identité de ⵊ avec le *sh*, il n'y a au contraire que des formes secondaires dans lesquelles le zend suit des lois particulières et le sanscrit altère même les racines. Ce sont *huska* = *çushka, angusta* = *angushtha, astema* = *ashtama, yasta* = *ishta* et *vasti, vashti*. Dans ces trois derniers la racine est altérée; le *k*, *g* (*j*) primitif passe à *sh*. Ce n'est donc point dans ces exemples que nous devons chercher la vraie valeur de cette lettre.

Si ⵊ est l'équivalent du *sh* sanscrit, qu'est donc le ⵊ avestique? Pour nous en rendre compte, rappelons-nous d'abord la nature du *sh* sanscrit. Chacun sait que dans la plupart des cas ce *sh* n'est qu'un *s* originaire transformé par le contact des lettres adjacentes, et cela suivant des lois propres au sanscrit. Ex. *vish* p. *vis*. *Kavishu* de *kavi* + *su*, *jyôtishmat* de *jyôtis* + *mat*, *abhishak* de *abhi* + *sak (sac)*, etc., etc.

Quelquefois, et c'est le cas des trois derniers mots cités, *sh* provient en sanscrit d'une gutturale, directement ou par l'intermédiaire d'une palatale.

Ainsi *ashtáu* = *octo*, ὀκτώ, *achtau*.
ishta vient de *yaj* p. *yag*, ἀγ.
vashti vient de *vaç* p. *vak*, ἐκ *(ών)*.

Mais ceci est l'exception et ce n'est point dans les faits exceptionnels que l'on doit chercher l'essence d'une chose. Il reste donc évident que le *sh* sanscrit provient en principe de la palatalisation ou de la lingualisation d'un *s*. Quand cette transformation ne s'opère point, c'est *s* qui apparaît. La même loi doit être supposée en Avestique et les faits confirment la supposition. On le voit, par exemple, dans les transformations du préfixe *dus* (δὺς). Il nous donne en zend *dushti (dushiti)*, et *duskereta*, *duskhratu*, *dusmainyu*, *dusmata*, *dusçanha*, *duskyaothna*, *dushãmçáçta*.

Le premier mot nous montre *sh* = *sh*; dans les autres *s* apparaît comme représentant du *visarga (h)* ou de *r* remplaçant *s* sanscrit, donc comme le *s* dental.

Voyons donc où la palatalisation se produit en avestique.

a) C'est d'abord dans le groupe *ks* comme en sanscrit. *Sh* reste même quand *k* vient à tomber; de là les formes *shan*, *sham*, *shá*, *shi*, *shit*, *shud*, d'où proviennent tous les mots qui commencent par *sh* : *shaeta*, *shatha*, *shama*, *shayana*, *shiti*, *shâiti*, *shâo*, *shéiti*, *shudha*, *shôithra* et *shôithrya*. (Pour *shu*, voyez plus loin).

Voilà donc comment il faut entendre le principe émis par M. Hübschmann que « *sh* est employé au commencement des mots ». Ainsi exprimé, il est évidemment faux. Dans les mots cités *sh* n'est point employé par ce que la sifflante est initiale, mais parce qu'elle provient du groupe *ks*.

b) C'est entre *k*, *r* (¹) ou une voyelle précédente et une autre voyelle ou une nasale ou *y* et *v*. Cette règle dans les mêmes termes règne dans la phonétique sanscrite (à l'exception du cas où la voyelle précédente est *a*). Il y a donc harmonie parfaite entre les deux langues et cette harmonie met hors de conteste le principe posé que le *sh* avestique est l'équivalent du *sh* sanscrit.

Mais il y a des différences entre les usages des deux langues et les exceptions ne renversent-elles pas la règle? Par soi-même cela ne se peut. Ce sont les règles qui déterminent la nature des faits et non les cas isolés ou très rares. Ici spécialement les exceptions ne peuvent détruire l'effet de la règle, parce qu'elles s'expliquent naturellement.

Les différences consistent en ce que *sh* ne paraît pas à la fin des mots zends et que la subséquence d'une muette forte empêche la lingualisation. Examinons chaque cas à part.

1. A la fin des mots *s* subsiste pour deux raisons : parce que le zend ne tolère pas le son *sh* à cette place

______

(1) En sanscrit *l* a le même effet; *r* le représente en zend.

et aussi parce que les mots indépendants ne réagissent point sur les mots précédents; à ce point de vue le *sandhi* n'existent pas en zend; la règle ne peut donc pas être appliquée. Il en résulte que la sifflante finale *s* reste ce qu'elle était par origine. C'est ce que nous voyons dans *âtars, vâkhs, âfs, yaoikhstis, drukhs, anushakhs*, etc., dans lesquelles la sifflante primitive reste parce que la règle exige un double contact interne de sons et que les mots ne s'agglutinent point en zend comme en sanscrit. Or cette sifflante originaire est la dentale *s*, marque du nominatif.

2. En sanscrit *sh* se produit devant *t*, *th*, mais point en zend. La raison en est simple. En sanscrit *t* dental ne subsiste point devant *sh*, il devient lingual; *sh* se l'assimile. En zend on ne connaît point les linguales, l'effet est invers; *t* subsiste et *sh* reste *s*.

Devant *k* le sanscrit admet le visarga ou *sh*. Ex. *ni:ka* ou *nishka*, *du:kha* et *dushkha*, etc. Le zend s'en tient au premier usage et pour cette langue le visarga est *s*; il en résulte que *s* peut subsister devant *k*. De là *huska, duskereta* et semblables (¹). Ajoutons, pour être complet, que le zend étend l'usage du *sh* en deux cas qui sont étrangers au sanscrit.

Sh se produit devant les spirées *kh, f*, ce qui est tout naturel, et de plus il provient parfois de *ç*, même devant *a*. Ex. *ashnaoiti* de *aç* et *frashna* de *pareç*.

---

(1) Dans les groupes trilitères comme *khst* etc. l'euphonie demande, en outre, l'allègement des sons par le maintien de *s* plus mince et plus coulant. Il en est de même dans les mots où *sh* se trouverait devant *c*, ce qui donnerait à peu près *shtsh*. Mais là où *ç* peut avoir sa place c'est lui qui est mis devant *c*. Voyez plus haut *manaçca, çcind*, etc.

Toutefois ce point est très douteux et les manuscrits portent aussi bien *asnaoiti* et *frasna* que les formes avec *sh*. Quoiqu'il en soit, il est évident qu'un peu plus ou moins d'extension donnée à son usage ne peut en changer la nature. *Sh* est donc, sans contredit, le remplaçant de *s* dental, et quand *sh* ne se produit point, c'est *s* qui reste (¹). La régularité des similitudes et des différences dans l'emploi de *s* et *sh* en sanscrit et en zend, les raisons si naturelles de ces différences prouvent l'identité des deux couples de lettres.

ᔕ est donc le représentant de *s* dental en zend. Toutefois nous admettrions volontiers qu'il n'était point exactement notre *s* dans la bouche des Éraniens avestiques. Mais des lettres zendes c'est elle qui s'en rapproche le plus. On sait du reste que le *s* dental subsiste malaisément en zend et qu'il devient *h* la plupart du temps. En tout cas ce n'est point ᔎ qui le désigne.

Revenons à ᔕ. Après avoir dit que cette lettre est d'origine dentale et une sorte de doublure de ᔕ M. Hübschmann nous apprend que c'est la spirante palatale. Il ne nous dit pas comment il concilie ces deux

---

(1) Quand *s* (dental), initial, transformé en *h* devient médial par suite de l'adjonction d'un préfixe, si le préfixe finit en *i*, *u*, la dentale devient *sh*, preuve nouvelle que le *s* ne représente pas le *sh* sanscrit. Parfois le *h* reste et alors la dentale renaît entre les deux élémens, c'est ainsi que l'on a *aiwis-huti* de *aiwi+huti*, *hus-hakhi* de *hu+hakhi*, *nis-haretar* etc. Toutefois il est possible que le 1er et le 3e de ces mots, comme ceux formés des mêmes préfixes, proviennent de *aiwis*, *nis*. *Nis* apparaît dans *nisanhar*, *nisanhad* formés régulièrement de *nis* a (*â*) *har* ou *had*. De même *vis* (cfr. Yaçna X, 1) forme *vis-huska*. — *Sh* se montre dans *nishaçta*, *nishâç*, *aiwishaçtar*, etc. Encore les manuscrits varient-ils.

assertions en soi contradictoires. On comprend qu'une palatale *remplace* une dentale comme *sh* remplace *s* en sanscrit, mais une palatale ne peut être d'origine dentale. Peut-être est-ce là ce qu'il veut dire?

En outre qu'est-ce qu'une spirante palatale? Quel son faut-il lui assigner? M. Hübschmann ne nous en dit rien; cependant ce serait chose essentielle à faire. Il nous sert peu d'avoir des mots si nous ne pouvons déterminer ce qu'ils désignent. La spirante palatale est-elle ce que l'on appelle une sifflante? Cela se comprendrait, mais il n'en est rien, on nous le dit expressément. Cette lettre est à *c* *(tch)* ce que l'aspirée gutturale (ת?) est à *k*.

Mais les palatales forment un son complexe; *c*, par exemple, est composé de *t* + *sh*. Lequel de ces deux sons est spiré pour former la spirante gutturale?

Si ‎ est la spirée gutturale forte, elle devrait correspondre au *ch* sanscrit, l'aspirée du même ordre; or c'est *ç* qui a cette fonction. Et comment prouve-t-on que cette lettre a la nature qu'on lui attribue? En s'appuyant sur les formes de cinq à six mots dans lesquels elle semble avoir un caractère spécial. Nous avons vu tantôt qu'elle répond de toute façon au *sh* sanscrit et par son origine et par son emploi et par les modifications apportées aux règles d'emploi. Cinq ou six exceptions suffiraient-elles pour renverser toutes ces preuves? Non certainement.

Voyons toutefois si ces exceptions ont la portée qu'on leur suppose. Elles consistent dans les formes *merâshyât, hashê, shu, ashyâo, tāshyâo*, dans lesquelles *sh* provient, dit-on, de *c*, et par conséquent en constitue la spirée. Si même nous accordions les prémisses, encore serions-nous contraint de reconnaître que la conclusion est forcée. *Sh* se substitue parfois à *ç* ou à *z* sans cependant appartenir à la même classe que ces lettres, du moins d'après le système de M. Hübschmann. *ç* en sanscrit s'échange souvent avec *s* tout en étant d'une nature différente; nous donnerons plus loin des exemples. La substitution de *sh* à *c* ne prouve donc rien ici.

Mais les preuves elles-mêmes ne sont pas admissibles.

Merãshyât, d'abord, doit être écarté; car il peut très bien être le subjonctif du futur de *mereñc* ou l'optatif de l'aoriste, il serait alors pour *merãkhshyât* avec chute de *kh* comme d'ordinaire.

Hashê est hors de question. Pour y faire dériver *sh* de *c* il faut supposer toutes ces transformations : *hakhyê*, *hacyê*, *hashyè*, *hashê*. — *Hashê* vient plus naturellement de la forme seconde *hakhsh* qui donne : *hakhshaya* ou *hakhshya*, *hakhshânê*, *hakhshôit*, *hakshaêsa*, etc.

Shu vient de *çcyu*, *siyu*. C'est un chvintement de la sifflante dentale ou palatale.

Dans les deux derniers mots *sh* remplace certainement *c* ou *j* devenu *c*. Mais cela ne veut pas dire qu'elle est la spirée de cette palatale. Deux ou trois transformations exceptionnelles ne peuvent prévaloir contre la masse des faits qui témoignent d'une origine toute différente. Ainsi le *sh* sanscrit n'est l'égal ni de *k* ni de *s*, parce que *ashtâu* répond à *octo* et *shash* à *sex*.

Comment *sh* et *c (tsh)* se forment parallèlement, c'est ce que nous apprennent les dialectes wallons du nord. Le *k* initial de beaucoup de mots latins reste *k* en Picardie, devient *sh* à Paris et *tsh* en Belgique. Nous avons ainsi, selon les pays, de *campus*, camp, champ, tchamp; de *causa*, côse, chose, tchose; de *calcea*, causse, chausse, tchâusse (¹). La lettre qui est si près de la palatale c'est donc le *sh* sanscrit, la sifflante connue et non une spirante mystérieuse. Et cela doit être ainsi.

Qu'est-ce en effet que la palatale simple? Un son complexe composé d'une dentale et d'une sifflante; *c* (*tsh*) équivaut à *t* + *sh* et *j* (*dj*) à *d* + *j*. La différence, s'il y en a, est amenée uniquement par la précipitation dans la succession des sons. Il en résulte naturellement que dans l'agrégat de *tshy* le premier son s'efface pour alléger la prononciation et qu'il reste *shy*; comme dans *khsh*, *kh* tombe le plus souvent et *sh* reste seul. *Sh* peut donc très facilement sortir de *c* sans être la spirée palatale forte.

Terminons cette discussion et concluons.

ॎ n'est point la vraie sifflante dentale et ne peut l'être puisqu'elle suit d'autres lois que celle-ci. Elle s'en approche certainement comme le fait le *ç* sanscrit qui s'échange souvent avec *s*. Ex. *çamb* et *samb*, *çarata* et *sarata*, *çarâva* et *sarâva*, *çarayu* et *sarayu*, *çal* et *sal*, *çava* et *sava*. *çâla* et *sâla*, *çâva* et *sâva*, *çunâçîra* et *sunâsíra*, *çru* et *sru*, etc. Si même ces formes ne sont pas toutes authentiques, leur supposition prouve néanmoins le rapprochement des deux sifflantes, restées malgré cela, bien distinctes.

ॾ est *sh* (*ch*, *sch*) et ॿ est une sifflante dentale voisine de *s*, si pas son représentant.

---

(1) Ces formes proviennent d'un seul *k* originaire et l'on ne peut en supposer plusieurs, comme on le fait pour les racines aryaques.

Ç et *sh* peuvent avoir tous deux quelque chose de palatal.

Ç se rapproche des gutturales et se produit par un choc contre la partie postérieure du palais. *Sh* est plus dental; le son choque contre le devant du palais et passe entre le dessus des dents supérieures et le bout des inférieures. Tels ils étaient à l'origine ; mais plus tard *ç* a pris un caractère plus dental et sans perdre totalement sa nature, il l'a fait assez pour pouvoir remplacer *s* là où le zend avait perdu cette lettre. Il a sa propre valeur dans *vaçmi, pereç, manaçca, çcind* et semblables ; il remplace la dentale dans *zaçta, çta,* etc. C'est ainsi qu'en latin *n* dental remplace la nasale gutturale sans cesser d'être principalement dental. Ex. *angelus, anchora,* etc.

Passons aux deux dernières sifflantes représentées par *z* et *zh*.

Si *sh* est palatal, *zh* doit l'être également; en cela M. Hübschmann est dans le vrai ; mais ces deux lettres sont sifflantes ou chvintantes et non ce que l'on appelle des spirantes proprement dites. Elles ne sont pas à *c* (*tsh*) et *j* (*dj*) ce que *kh* et *gh* sont à *k* et *g*; pas plus que *s*, *z* ne sont *t*, *d* spirés. Il importe de distinguer ces termes. Si *sh* était la spirante de *ch* (*ts*), elle devrait représenter le *ch* sanscrit, ce qui n'est point.

On argumente, en faveur de cette opinion, de ce que prétenduement *j* deviendrait *zh* dans les cas où *k* devient *kh* ou *t*, *th*. Mais il n'en est point ainsi et les exemples que l'on cite prouvent précisément le contraire de ce que l'on en tire.

On compare, en effet, *azhi, bazhat, tizhi, drazhi-*

mnó, druzhenti, naênizhaiti avec *aojó, arejó, drâjô, drûjem*, ainsi que *vaêjó, taozhya, duzhaka* et autres mots formés de *dus,* ; puis on ajoute que *zh* initial provient de *z*.

Or ce dernier cas, que l'on cite à titre d'exception, donne précisément l'explication véritable. *Zh* provient de *z* et s'il a quelque rapport avec *j*, c'est par l'intermédiaire de *z*. Ainsi *zan* est pour *jan, zân* pour *jnâ, druz* pour *druj*, etc.

Plusieurs des exemples cités sont exactement dans ce cas ; le premier même exclut complètement un *j* originaire ; *azhi* vient en effet d'*azi* (pour *ahi*) et non d'*aji* ; *bazhat* vient de *baz* et non de *baj*, de même que *vazhat* vient de *vaz* (pour *vah*, lat. *veh*), lequel n'a rien non plus de commun avec *j*.(V. F. Müller ; op. c. 11.)

Tizhi est de *tiz* (pârsi *têzh, têz*, persan *têz*) ; *naênizh* est de *niz* (de *nij*). *A ojó, arejó* sont entièrement hors de question, ou plutôt prouvent contre le système, car si celui-ci était conforme à la vérité, il faudrait *aozhò, arezhó. Drazhimnó, drazhat* s'expliquent comme *bazhat* et leurs rapports avec *drâjô* sont admis sans motif ou même contre toute raison ; ils correspondent au Ss. *drh.*

Druzhenti vient de *druj* par l'intermédiaire de *druz*. Les racines aryaques en *j* ont parfois les deux formes *z, j*. On le voit en comparant *uçzayata* et *uzjen*, tous deux de *jan*, naître, *ajen* et *azen*, de *az = aj, ag* ; *varóziñtem* et *varójintem*. Ceci n'est point propre aux Gâthâs.

Yuz et *yuj* ne doivent point être séparés comme on le fait sans raison. Enfin *taozhya, duzhaka* et semblablables n'ont rien du *j*. *Zh* représente *s* amollie en *z* devant les sonores et transformées en *zh* (comme *s* en *sh*) par le contact des voyelles et des molles. Car *dush* est originairement *dus* (voyez δύς, ssc. *dur*, etc.). Donc *zh* provient de *z*, non de *j* et n'est point la spirante de *j*.

Il reste à déterminer la nature de *z*. C'est le *z* français et il est à *zh* (*j* fr.) ce que *sh* est à *s*. M. Hübschmann en fait une dentale, Justi la considérait comme palatale. Où est la vérité ? Il est certain que si l'on articule successivement *s* et *z*, on doit changer complètement la disposition des organes. Pour prononcer *z*, il faut placer les dents de dessous derrière celles de dessus et relever le bout de la langue. Cela n'indique pas une dentale, ce nous semble (¹).

Nous croyons donc pouvoir conclure que les lettres précédemment représentées par *kh*, *th*, etc., ne sont pas de pures spirantes. Que le son originaire de la tenue ou moyenne s'y fait encore entendre. En outre *ç* n'est pas une dentale et ne peut être transcrite par *s*. *z* n'est pas *sh* pur et simple et *z* n'est pas dental. Enfin la dentale est *s* ; et *ç*, *z* tiennent des palatales.

Tels sont les points principaux du système de M. Hübschmann qui ne nous paraissent point admissibles, malgré la science de son auteur.

§ 3. TRANSCRIPTION.

Il nous reste à dire un mot du mode de transcription et de la terminologie qui y sont adoptés.

(1) Les alphabets 1, 2 de Lepsius donnent comme de même nature *z*, *j* et *c* ; les deux dernières, palatales. Voy. N° 6 de ces alphabets.

Lorsque l'on crée de nouvelles formes transcriptives, il faut qu'elles soient exactes et expressives, c'est-à-dire qu'elles désignent le son reconnu et non un autre et qu'il y ait quelque rapport entre le son et le signe qui le représente. Il faut en outre qu'il y ait autant que possible harmonie entre ces signes et qu'ils soient faciles à employer, qu'ils se trouvent à la portée de tout le monde. Or à tous ces points de vue le nouveau système péche complètement, il est même très inférieur à l'ancien.

1° Il est inexact. *a)* Les spirées sont représentées par les lettres grecques χ, θ, φ, γ, δ, β. Il y a là, avec l'inexactitude, une conclusion pratique directemeut contraire aux principes. En effet on reconnaît que χ, θ, φ sont de vraies aspirées et on les emploie pour désigner des spirées proprement dites. Quoi de plus inexact et qu'a-t-on gagné si ce n'est d'introduire le disparate dans l'alphabet?

Pour γ, δ, β c'est encore pire. Ce sont de vraies moyennes explosives fermées, identiques à *g, d, b,* et on veut qu'elles représentent les *spirantes* molles! β surtout doit être écarté, il n'y a probablement rien de *b* dans le *w* avestique.

L'alphabet donné par Anquetil au tome II, planche VIII porte ﻭ, *w*, comme l'équivalent du *v*, persan. χ, θ, φ, γ, δ, β, présentent tous les inconvénients d'une représentation inexacte, sans aucune compensation.

Les anciennes formes désignaient au moins l'origine de la lettre et la modification par spiration ; plusieurs d'entre elles avaient la valeur voulue dans des langues universellement étudiées telles que *kh, gh* en persan, *th* en anglais, *kh* (*ch*) en allemand, etc. Les formes nouvelles n'ont rien en leur faveur.

Il n'y a aucun motif de rejeter *f*, vraie spirée labiale.
w représente très bien le son de la lettre avestique et
son origine ; car *v* est à *b* ce que *f* est à *p*. C'est donc
la spirée labiale molle, on la prononce comme dans certaines parties de l'Allemagne et non comme en Angle-
terre. Peut-être l'emploi inverse serait-il meilleur ; *w*
pour *v* et *v* pour *w*.

Les deux autres classes n'ayant pas de spirées reçues,
le mieux est d'employer la lettre fondamentale, *k*, etc.
avec un signe de spiration ('). Ainsi l'origine, la nature
particulière et la valeur générale de la spirée sont indi-
quées. Il est d'ailleurs très peu probable, comme on l'a
vu, que ces lettres soient de vraies spirées. En tout cas
notre système peut être accepté par les deux opinions.

b) Les signes des sifflantes sont également inexacts
ou sans signification. ᴕ n'est point *s* dental pur, et l'angle comme le point souscrit de s^v ne signifient absolu-
ment rien. Nous garderons donc *ç* qui indique exactement la provenance essentielle de la lettre qu'elle soit
gutturale ou palatale, et le son réel avec une différence
légère qui le distingue du pur *s* dental. D'ailleurs fût-il
même *s* dental pur, *ç* pourrait conserver sa forme, puisque la prononciation de cette lettre dans les langues
qui l'ont admises (français, portugais) est identique à
celle de *s*. Pour les autres nous emploierons *s'*, *sh* ou
s'' qui indique l'origine, le rapport entre les deux lettres
et la lingualisation du son de *s* ; *s'* du reste pourrait être
simplement *s*.

c) Le zend a quatre *e* différents. Pour les distinguer
on emploie *e* et *ê* avec ou sans point souscrit. Ce point
d'abord est sans valeur aucune et ne dit rien de la dif-

férence des sons. Distinguer ꭹ de ꭹ par un point souscrit, ce n'est point, sans contredit, tenir compte de la nature des choses; représenter ç par *e* avec point souscrit, c'est moins bien encore, car évidemment cette lettre est un ç *e* allongé; la forme le prouve. Comme *î*, *ú*, *ô*, cette lettre se distingue de sa congénère brève par un trait inférieur. Enfin *ê* (longue) rend très inexactement le second élément du gouna de *i (ae)*.

Nous possédons trois signes distinctifs qui rendent convenablement la valeur de ces lettres; pourquoi ne pas les employer? Ce sont *e*, *é*, *è*, *ê*. Nous écrivons donc *erez*, *yé* (ou *yè*), *gayèhé* (ou *gayéhê*).

d) La lettre ꭹ transcrite généralement par *âo*, l'est dans le système par un *a* long surmonté d'un petit *o*. Cette représentation est assez imparfaite; elle doit figurer un *au*, que l'on suppose sans indice probant. La transcription *âo* est moins bonne encore, il est vrai, et n'a pour elle que l'usage. La lettre avestique semble remplacer un *a* long nasalisé; un *an*, ou peut-être un *on*, allongé; elle correspond à *â* devant *s* ou *nt*. Elle aura supplanté le *â* nasal primitif ꭹ et c'est pourquoi celui-ci n'est resté que comme *n* consonnant. M. Hübschmann reconnaît toutefois que sa forme est une ligature de *a* + *e*; on peut donc la rendre exactement par *ā̆* et cela est préférable, car on a au moins un motif sérieux.

e) Les deux *o* sont mal rendus par *o*, *ô*, le second étant plutôt moyen que long. Il est mieux d'employer *o* *ò* et *ô*; en divisant *ô* selon son origine.

f) La dentale finale représentant *t* et *d* a deux formes qui ne diffèrent que d'une manière tout à fait insigni-

fiante. Ils ne se distinguent, du moins dans les manuscrits , que par de pures différences graphiques
comme les deux *x* de l'écriture française ou les
deux *s* de l'allemand. On peut cependant supposer une
diversité d'origine et rapporter l'un à *t*, l'autre à *d*. Ces
lettres sont également des spirantes aux yeux de
M. Hübschmann qui les sépare en principe et en reconnaît même deux espèces.

Nous ne voulons point contester à cette lettre ou à
ces lettres la qualité de spirée. C'est du reste tout ce
qu'on peut en dire. Impossible d'en indiquer le son avec
quelque probabilité et M. Hübschmann lui-même n'essaie point d'en déterminer la valeur ou la prononciation. Nous croyons toutefois devoir présenter quelques
remarques qui pourront prévenir certaines méprises.

Le savant linguiste apporte en preuve les faits suivants qui paraissent mal appréciés :

1. Les seules consonnes qui puissent subsister à la
fin d'un mot sont *n*, *m*, *r*, *ç*, *s* et *t* après *s* ; enfin
notre *t*. Des cinq premières, aucune n'est explosive fermée, donc *t* ne l'est pas davantage, c'est une spirante.
Il n'est pas besoin de faire remarquer la faiblesse de cet
argument. *T* est certainement une explosive fermée ; donc
un mot peut terminer une lettre de cette classe ; donc
t peut en être également. En outre, pourquoi ne serait-
elle pas seule de son espèce admise comme finale ? Rien
ne permet de l'exclure. En latin *t* et *d* étaient les seules
muettes qui subsistassent originairement à la fin des
mots, et *d* même est tombé généralement. Les mots *ab*,
ac, *sic*, *duc*, *fac* etc., se sont formés tardivement **par**
apocope. Donc ceci ne prouve nullement que *t* soit une
spirante.

2. La dentale finale joue le même rôle que les spirantes; elle tombe après *s*, par exemple dans *côist*; elle
transforme la spirante précédente en muette, par ex.
dans *varedat*; donc c'est aussi une spirante. — Cet
argument est encore moins spécieux. ع n'exclut pas
du tout une spirée précédente; on peut le voir dans
cîthit, *côithat*, etc. Dans ces mots il joue exactement
le même rôle que *t* et devient *th*. comme lui, entre deux
voyelles, il est donc sur le même rang que *t*. D'ailleurs
dans ces mots ع n'a plus de raison d'être et doit disparaître, car c'est une lettre finale et n'est employée qu'à
la fin d'un mot ou de ce que les scribes parses regardent
comme tels.

M. Hübschmann pense que *t* s'échange avec *dh*; ceci
ne paraît pas exact. *Padhbyas* est le produit de la
règle qui veut l'aspiration d'une consonne devant une
autre; *pad* devient *padh* devant *b*. *Hadhbîs* est pour
hathbîs avec amollissement de la forte par suite du
contact de *b*. Quand ع subsiste devant le suffixe, c'est
que l'écrivain regardait le mot comme un composé et
en séparait les éléments dans l'écriture; de là les deux
leçons *pat byaç* et *padhbyaç*, selon que le mot est di-
visé ou non. Voy. *Vispered*. XXI. 2.

Les formes en *dha* de *naêdha*, *âkhstaêdha* collatérales
à *nôit*, *âkhstôit* peuvent avoir une origine différente.
Dans ces deux cas *t* joue le même rôle et subit les
mêmes lois que *d*; il devient spiré devant une consonne
ou entre voyelles. Donc il est l'équivalent non de *dh*,
mais de *d* ou *t*, et il devient *th*, *dh* en passant par *t*, *d*.

3. Des formes *tbi*, *tbu* M. Hübschmann conclut que *t*
est sur le même rang que *ç*, *s*, et qu'il appartient à la même

classe. Mais *t* ne se trouve pas seulement devant un *v* consonnantique *(b)* comme *ç* devant *p* (*açpa*), *z* devant *b* (*zbâ*, etc.), nous le voyons aussi devant *k* dans *tkaêshô*, *nemetka*. Son origine est donc toute autre que celle de *ç*, *s* ou *z*. Il peut aussi bien être son fermé devant *b* que devant *k*.

La conclusion de ceci est que ع (en le dédoublant en *t* et *d*) se transforme en *th* ou *dh* comme *t* et *d* le font eux-mêmes, et que par conséquent il s'approche bien plus de *t* ou de *d* que des spirées. Ceci nous est confirmé par les alphabets parses qui rendent cette lettre par *t* ou *d*. (Voyez Anquetil, II, pl. VIII, N, 6. — Ms. Petrop. f. I verso, N. 8. Lepsius, tabl. [III, 7).

Déjà les auteurs de la traduction pehlevie transcrivait *t* par *d* dans *aurvat açpa* qui devient بدروددن *arvadaçpa*. Y. II, 21, XVII, 22, etc.

Pour transcrire cette lettre il convient donc de choisir un signe qui se rapproche des caractères de *t* ou de *d*; et comme elle provient généralement de *t*, nous prendrons de préférence une forme modifiée de la dentale forte *ţ*. Celle-ci peut du reste représenter également une spirée.

Enfin la lettre سى, représentée ordinairement par *q*, n'est qu'une ligature de *hv*. Les manuscrits pehlevis le prouvent évidemment; cette lettre y est constamment employée à ce titre et au lieu de سو. La transcription *q* est évidemment mauvaise. Devant *y* elle semble représenter purement et simplement *h*; dans *qyém*, *qyâo* ([1]) et

---

(1) Le néo-persan écrit *khv* et prononce simplement *kh* dans beaucoup de mots; c'est probablement le cas identique à celui de *qyém*, etc.

mots semblables. Y aurait-il là quelque chose du *v* du latin *qva*, gothique *hva* pour *ka?* C'est ce qu'il est difficile de déterminer. Ici le nouveau système emploie le digamma ; pourquoi cela? En quoi est-il plus exact que *v?* En rien certainement. Il est sans raison d'être.

2° On a vu que les nouvelles formes représentent très mal les sons. Que l'on compare seulement *aibi* et *aiβi*. Cela voudrait dire que *b* est spiré dans le second mot! C'est de la plus complète inexactitude ; on ne peut le nier. En outre elles sont d'un emploi difficile ; peu d'éditeurs en disposent. Enfin elles introduisent dans l'alphabet transcrit un disparate qui déplait justement à beaucoup de savants et qui a fait qualifier de *monstra* les mots transcrits de la sorte. Quel peuple a jamais composé son alphabet de lambeaux de trois ou quatre autres? Ajoutons qu'ici cette singularité est complètement inutile. Et les lettres grecques sont employées d'une manière tout à fait contraire au génie de la langue ; par ex. dans

$$\chi ra\theta \delta \hat{o}, \quad dus^v\chi s^v a\theta ra \quad \hat{a}\varphi s^v.$$

Ces considérations auront en outre fait connaître les qualités désirables d'un bon système. Mais disons d'abord quelques mots de trois termes usités quoique peu corrects.

D'abord pourquoi *iranien* et *Iran* (iranisch, Iran)? Iran est un terme fautif. Le vrai nom est en avestique *Airyâna*, en pehlevi *Airân*, en persan *Erân*. Spiegel a remis en honneur le nom correct *Eran* ; pourquoi ne pas le suivre?

Un linguiste scrupuleux peut-il donner encore *k*, *t*, *p* comme des sourdes et *g*, *d*, *b* comme sonores? Non, évidemment. Le son de *k*, *t*, *p* est beaucoup plus fort,

plus éclatant que celui des prétendues sonores. Celui de
g, *d*, *b* est concentré dans le fond de la bouche, dans les
cordes vocales, il est faible et sourd. Il est possible que
g, *d*, *b* resonne davantage à l'orifice du larynx, mais le
son que l'on entend, le seul qui doive être pris en con-
sidération, est sourd et terne. Les termes disent donc
le contraire de la réalité. On ne peut se prévaloir de
l'usage, dans aucun de ces deux cas; car le système a
pour but de réformer tous les abus.

Enfin le nom de *spirante* est-il heureusement choisi?
N'est-il point trop vague et trop général? *Spirant* veut
dire : qui forme souffle. Y a-t-il beaucoup de lettres
qui en soient dépourvues? Cette désignation confond
dans une seule catégorie et sans distinction aucune des
lettres bien différentes de son; par ex. le *kh* arabe, le *ch*
allemand et le *s* dental. On ne compte pas moins de
dix-sept spirantes en zend et, pour bon nombre d'entre
elles, on ne sait quel son leur attribuer. Tout cela est-il
bien dans l'ordre?

Voici maintenant, comme conclusion, la transcription
des lettres avestiques que nous voudrions adopter. Pour
concilier toutes les idées nous représenterions les aspirées ou spirantes par l'explosive tenue ou la moyenne
accompagnée d'un signe de spiration. On éviterait ainsi
toute confusion comme les formes *kh* ou χ en engen-
drent, comme aussi toute inexactitude; chaque lettre
serait propre au son qu'elle désigne. La transcription
des spirées et de ç indique à la fois et l'origine et la
prononciation, exclusivement propre à ces lettres avestiques. On aurait un alphabet sans disparate, dont
chaque signe indiquerait exactement le son correspon-

dant et serait à la portée de tout éditeur, condition qui n'est point à dédaigner.

Nous avons négligé, comme Hübschmann, deux ou trois signes de valeur incertaine et variable et qui ne semblent être que des variétés graphiques.

VOYELLES.

Brèves	*a*	*i*	*u*	*e*	*o*	*ā* (*nasale*).
Longues	*â*	*î*	*û*	*ê*	*ô*	$\bar{\bar{a}}$ ou *ǣ*.
Moyennes	*é*	*è*	*ò*			

CONSONNES.

	Fermées.	Aspirées ou spirées.
Fortes ou lancées	*k t p.*	*k' t' f.*
Molles, comprimées	*g d b.*	*g' d' v (w).* ƀ
Spirante	*h*	
Sibilantes	*ç s (s'), sh (s")*	*z zh (z')*
Nasales	*n ñ ǹ (n) ń m,*	

LIQUIDES.

	GROUPE.
r w y.	*hv.*

Nous donnerons, comme modèle d'une transcription conforme au système ci-dessus exposé, le commencement du Yaçna XI, dans la forme rhythmée supposée ou admise, avec les phrases en prose, intercalées probablement dès l'origine.

Nous y joignons le Gâthâ *Vahistòistis* dans la forme métrique que nous lui avons restituée il y a trois ans; c'est-à-dire en strophes de cinq vers, dont chacun a six pieds et généralement une césure au quatrième (voyez *Avesta* traduit, t. II, p. 160) ; enfin le Fargard XXII, rhythmé comme il a dû l'être à l'origine ; il suffit de changements insignifiants pour rétablir le rhythme. Le § qui met Zoroastre en scène et l'invocation à Çaoka sont des hors-d'œuvre.

Yaçna XI, 1-3.

1. *T'rayò hait'îm* (1) *ashavanò*
   âfrivacaǹhò zavaiñti :
   gâus'ca açpaçca haomaçca

2. *gâus' zaötarem* (2) *zavaiti :*
   « *Uta buyā afrazaiñtis'*
   » *uta déus'çravā hacimnò*
   » *yò mām hvâçtām noiţ bak'shahi*
   » *âaţ mām luem fshaonayèhé*
   » *nâiriā vâ put'rahê vâ*
   » *havayœ vâ marshuiā* »

3. *Açpô bâshârem zavaiti :*
   « *Mâ buyā aurvatām yûk'ta*
   » *mâ aurvatām aiwishaçta*
   » *mâ aurvatām(ca)* (3) *nit'ak'ta*
   » *yô mām zâvare nóiţ jaidhyèhi*
   » *pourumaiti hañjamanê*
   » *pourunarayā karshuiā.* »

(1) Les *i, u* épenthétiques se prononçaient ; les transcriptions pehlevies le prouvent.

(2) En quatre syllabes ; ¨ est tréma. Le mètre est ainsi rétabli.

(3) Il est mieux de supposer un *ca* tombé que de compter 4 syllabes à *nit'ak'ta*. Du reste, la vérité n'est peut-être dans aucune des deux suppositions. Ce vers peut être hepta-syllabique comme les trois derniers de la strophe 2.

Gat'â Vahistôistis.

Yaçna LII.

1. *Vahis'tâ îs'tis' çrâvî Zarat'us'trahê*
   Çpitâmahyâ yèzî hòi dadâṭ âyaptâ
   Ashâṭ hacâ Ahurò yavòi vîçpâi â (1)
   huaṅhuîm yaècâ hòi daben çaskâcâ
   daènayā̆ vaṅhuyā̆ uk'd'â s'kyaot' nâcâ

2. *Aṭ hòi çcañtú manaṅhâ uk'd'âis' s'kyaot' nâiscâ*
   K'shnûm Mazdâi vahmâi â fraöreṭ (1) *yaçnâçca*
   Kavacâ Vîstâçpò Zart'us'tris' çpitâmò
   Frâshaöstaraçcâ Dā̆ṅhò erzûs' pat'ò.
   yām daènām ahurò çaos'kiyañtó dadâṭ.

3. *Tém câ tû Paouruciçtâ Haècaṭ açpânâ!*
   Çpitâmî yèzvî dug'd'rām Zarat'us'trahê
   Vanhéus' paitiyâçtîm manaṅhò Mazdā̆çca
   taibyò dâṭ çarém at'a hém frashvâ k'rat'wâ
   T'wâ çpénistâ armatòiss' hudânu vareshvâ.

4. *Tém zî vé çperdânî varânî yâ fed'rò dâṭ*
   Pait'iaècâ vâçtryaèibyó aṭcâ qaètaové
   Ashâunê ashavabyò manaṅhò vaṅhéus
   Qénvaṭ haṅhus' mè bèd us', Mazdā̆ Ahurò
   dadâṭ daènayâi vaṅhvyâi yavòi vîçpâi â.

---

(1) Ou bien : Ahurò Mazdā̆ yavòi â — vîçpài hvanhvîm...

5. *Çâqénî vazyamnâbyò kainibyò mraomî ;*
   K'shmaibyâcâ vademnò méñcâ î mâzdazdûm,
   Vaèdòdûm daènâbîs abyaçcâ ahûm yé
   vañhéus manañhò Ashâ vé anyò ainîm
   vîvañhatû, taṭ zî hôi hushénem añhaṭ

6. *It'â î hait'yâ narò at'â jénayò*
   Drûjò hacâ râť'mò yè mé çpasht'â fraidîm
   Drûjò âyèçê hôis, pit'â tanvò parâ.
   Vayò berdubyò dus'hvaret'ém nâçaṭ hvâťrem (1)
   déjiṭ artaèibyò anôis ahûm merñgduyê

7. *Aṭ câ vè mîzhdem añhaṭ ahyâ magahyâ*
   Yavaṭ âzhus' zarzdis'tò bûnòiṭ hak'tiǣ
   parâcâ mraocâç aorâcâ yat'râ mainyus'
   anâçaṭ parâ ; jvîzayat'â magém tém
   Aṭ vé Vayô añhaiti apémem vacò.

8. *Anâis' â duzhvars'nañhò dafshniyâ heñtû*
   Zahviyâcâ vîçpāñhò k'raoçéñtâm upâ
   Huk'shat'râis' jéñrâm râmâmcâ âis' dadâtû
   s'kyèitibyò vîzhbyô îratû is' dvafshò hvò
   derzâ mert'yâus' mazis'tò moshûcâ açtû

9. *Duzhvarenâis' Vaèshò râçtî tòi narepîs' rajîs'*
   Aèshaçâ déjîṭ aretâ pesho tanuò.
   Kû Ahurò yè îs' jyâtéus' hémï't'iâṭ
   vaçéitòis'câ. Aṭ Mazda tavá k'shaťrem
   yâ erezijiyôi dâhî dregavê vahyò.

(1) Ou plutôt : *dushvaret'ém nâçaṭ hvâťrem dregvodbyó déjiṭ artaèibyo anáis' â ahum mereñgduyê.*

Vendîdâd XXII.

Mraoṯ ahurò Mazdā̆ Çpitamâi Zaraťusťrâi :
(Azem yò Ahurò Mazdā̆,)

———

azem yò dâta vaṅhuām
yaçé taṯ nmâmem âkerenem
Çrîrem raokʼsanem frâdereçrem

———

âṯ mām mairiò âkaçaṯ
âṯ mām mairiò frâkerenaoṯ
aṅrò mainyus' pourumahrkò

———

nava yaçkê navatis'ca
navaca çata navaca
hazaṅra navaçéç(ca) baèvān (¹)

———

âṯ mām tuem baèshazyôis'
māťro çpentò yò ashhvarnā̆

———

Dať âni aètahê paiti
hakaṯ hazaṅrem açpanãm
aurvatò derzi takanãm

———

Yazâi Çâoka vaṅhvi mazdaďâta ashaonê

———

Dať âni aètahê paiti
hakaṯ hazaṅrem us'tranãm
aurvatò çaini-kaoſanãm

———

Yazâi Çaoka vaṅhvi mazdaďâta ashaonê

———

Dať âni aètahê paiti

hakaþ(ca) hazañrem gavām
aḱshaènām aperetò tanvām

—

Yazâi Çaoka vañhvi mazdaḋâta ashaonê

—

Daḟâni aètahê paiti
hakaþ hazañrem anmayām
haretò viçpògaonanām

—

Yazâi Çaoka vañhvi mazdaḋâta Ashaonê

—

Uta azem âfrinâmi
tê çrîra taḱma âfritî
fratâca dahma âfritî

Yâ ûnem pernem kernaoiti
pernem ciþ vîǵzhârayèiti
avañtem ciþ bañdayèiti
bañdemca ḋruèm kernaoiti

—

Paiti ahmâi avashata
Māḟrò çpeñtò yò ashhvarnǣ
Kuḟa azem baêshazâni

—

Kuḟa tè Apabarâni
Nava yaçka navatisca
navaca çata navaca
hazañra navaçéç baènân

—

Nairyò çañhem aocayata
yò daḋvǣ Ahurò mazdǣ
Nairyoçañha viâḱana !

—

Parâidha upa vazañhva

— 52 —

avi nmânem Airyamanâi
imaḻ çaṅhòis Airyamanâi
Airyama imaḻ té çaṅhaḻ
Ahurò yò Mazdæ Ashava
azem yò dâta vaṅhuâm (Voy. strophe 1)

. . . .

Ahê vacò paitiyèiçti
parâidha upavazata
Nairyòçaṅhò viâk'anò

—

avi nmânem airyamanâi
imaḻ çaṅhaḻ airyamanâi
imaḻ tè çaṅhaḻ Ahurò

—

azem yò dâta vaṅhuâm (str. 1.)

. . . .

Mòshu laḻ âç noiḻ dareg'em
yuḻ frâyatayaḻ t'wak'shemnô
airyamana yò ishiò

gairim-avi çpentòfraçnâm
varshem avi çpentòfraçnâm

—

navanâm açpanâm arshnâm
gaonem baraḻ Airyamana
navanâm ustranâm arshnâm
gaonem baraḻ Airyamana

—

Navanâmca gavâm arshnâm
gaonem baraḻ Airyamana
navaca vaèjayò baraḻ
nava karshæ frakârayaḻ

———